Classical Favorites

EASY PIANO DUET

Arranged by Carol Klose

ISBN 978-0-634-00297-7

HAL•LEONARD®
CORPORATION
7777 W. BLUEMOUND RD. P.O. BOX 13819 MILWAUKEE, WI 53213

Visit Hal Leonard Online at
www.halleonard.com

ALLELUIA

SECONDO

Wolfgang Amadeus Mozart

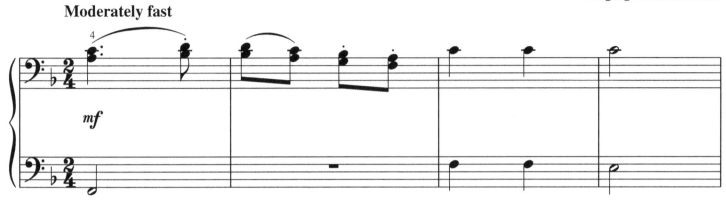

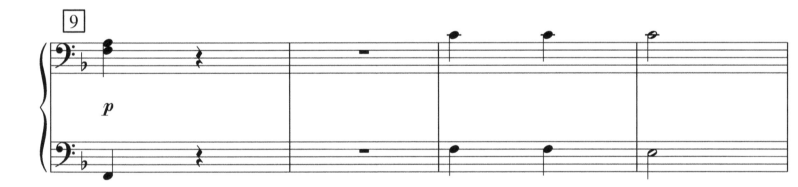

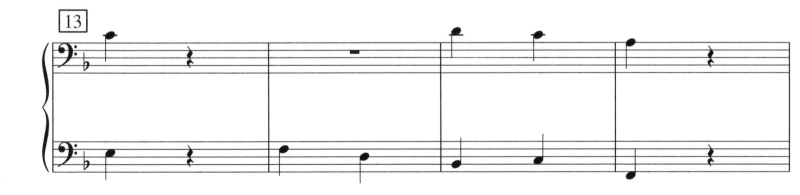

ALLELUIA

PRIMO

Wolfgang Amadeus Mozart

SECONDO

PRIMO

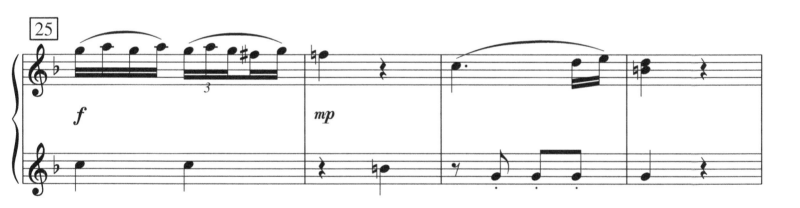

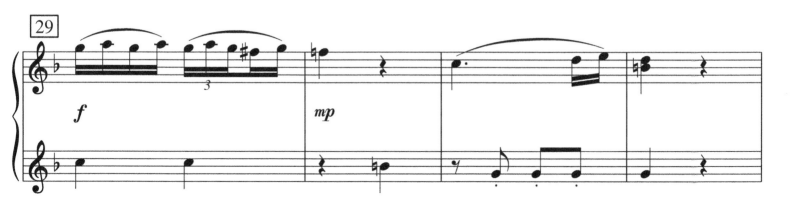

6

SECONDO

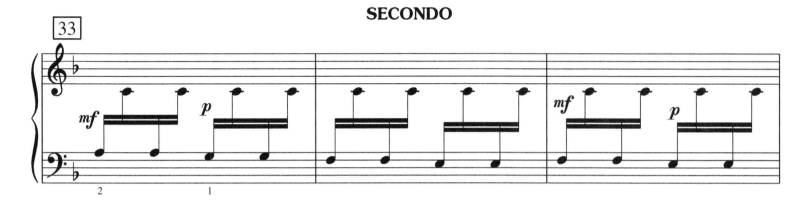

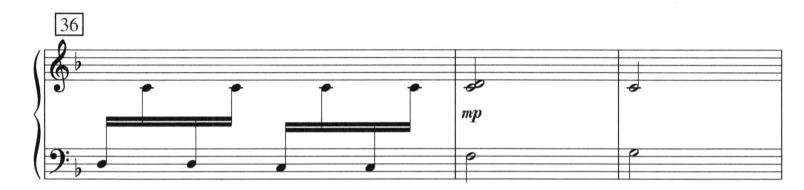

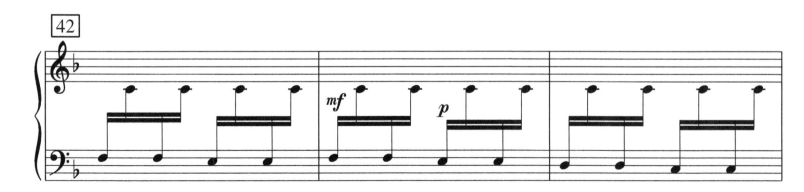

PRIMO

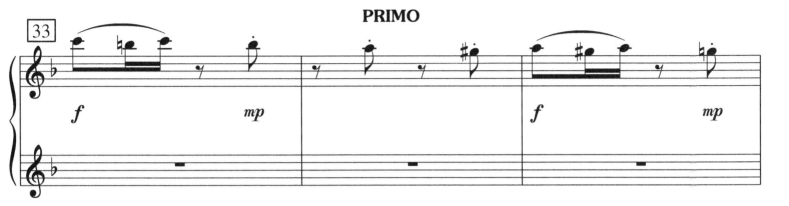

SECONDO

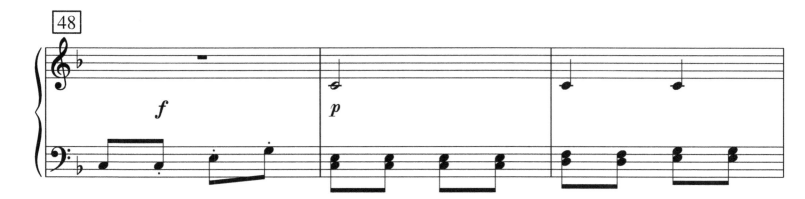

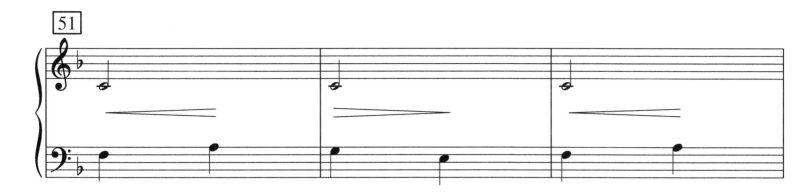

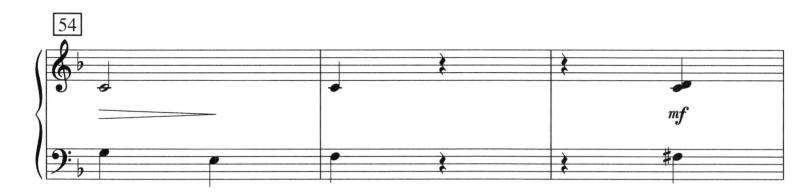

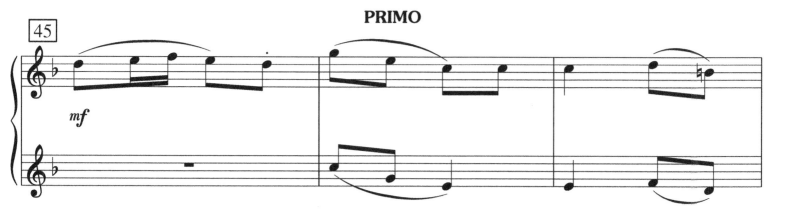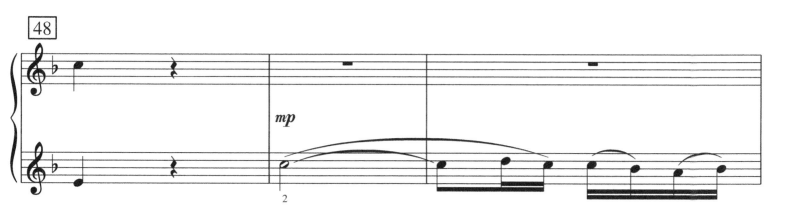

PRIMO

SECONDO

PRIMO

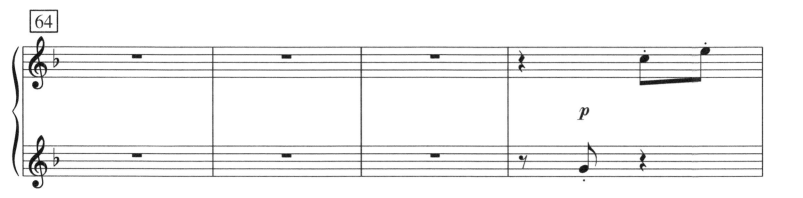

SECONDO

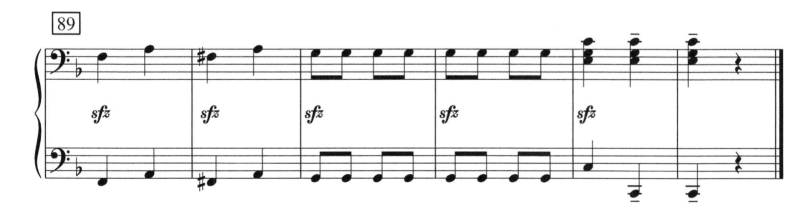

PRIMO

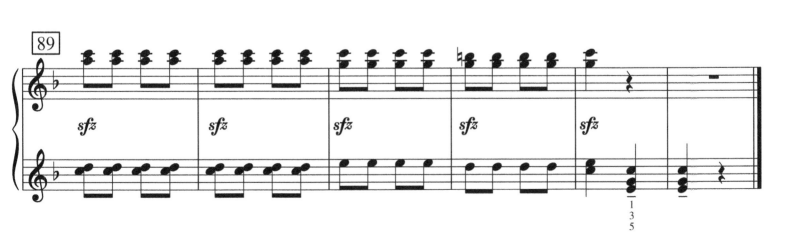

AVE MARIA

SECONDO

Franz Schubert

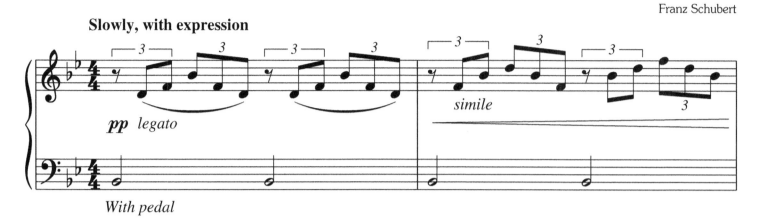

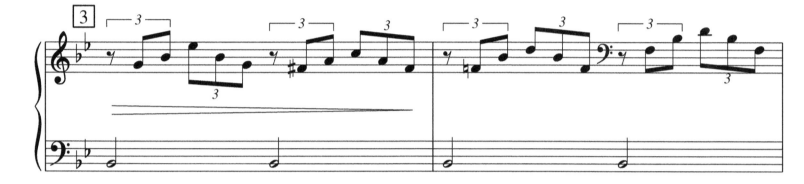

AVE MARIA

PRIMO

Franz Schubert

Slowly, with expression

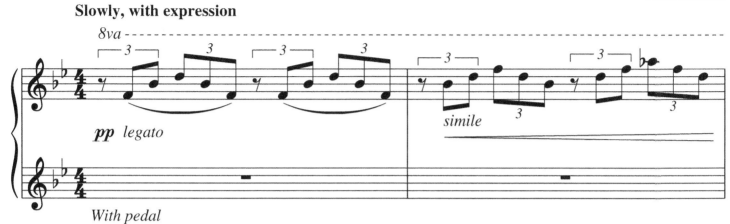

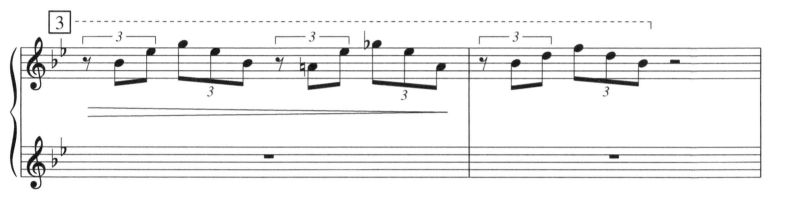

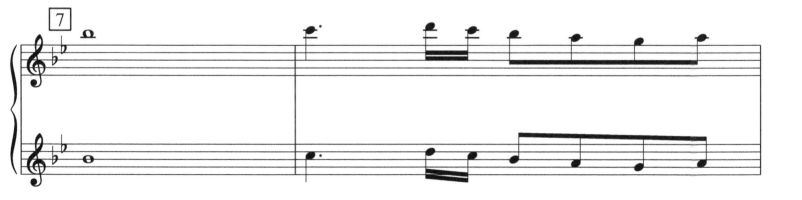

SECONDO

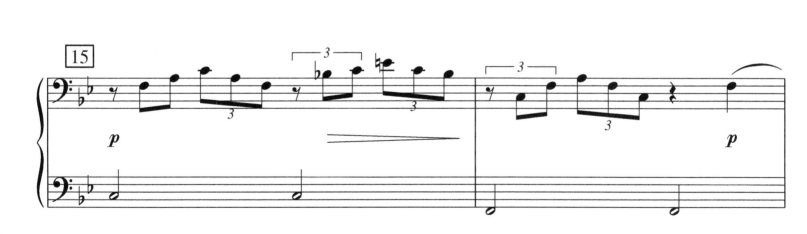

PRIMO

SECONDO

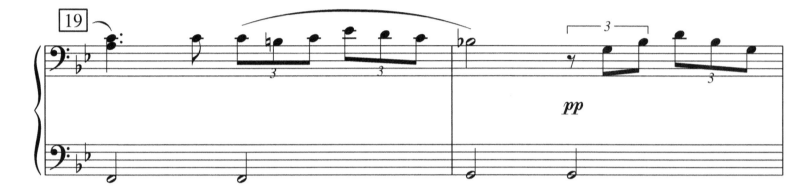

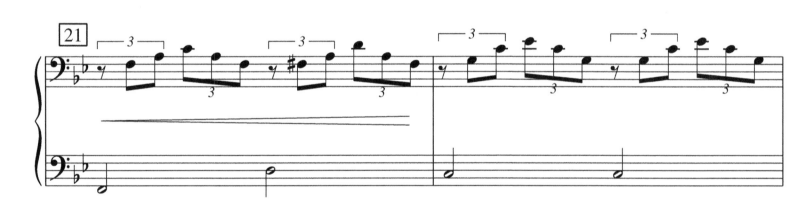

PRIMO

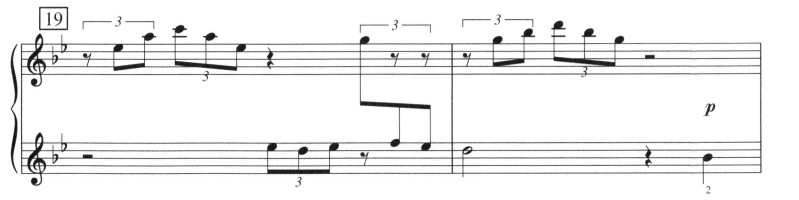

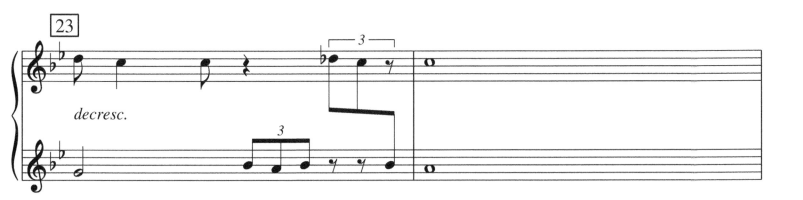

SECONDO

8vb

PRIMO

CANON

SECONDO

Johann Pachelbel

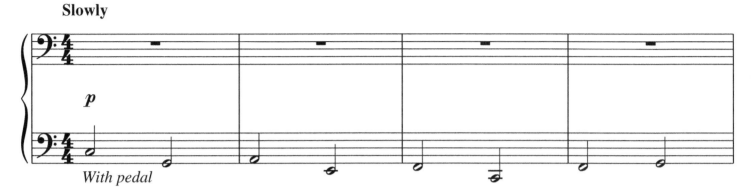

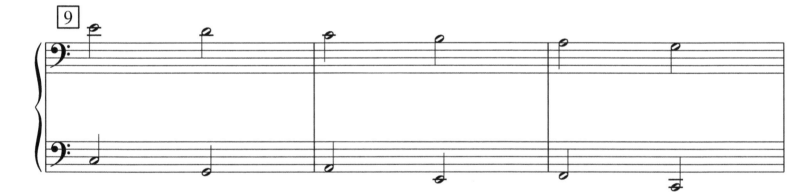

CANON

PRIMO

Johann Pachelbel

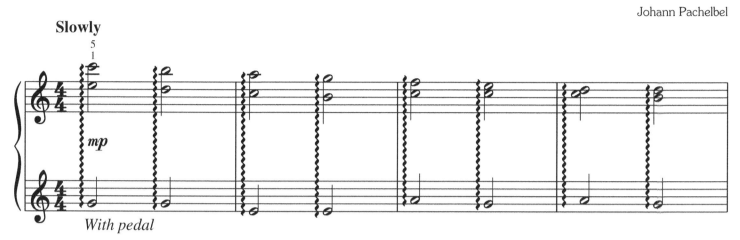

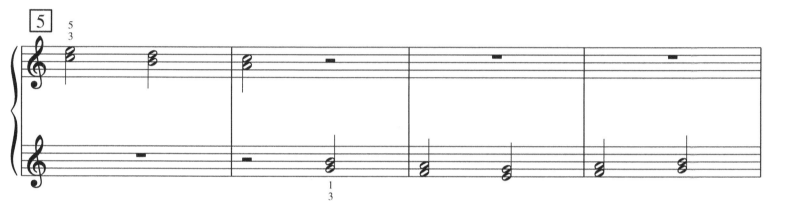

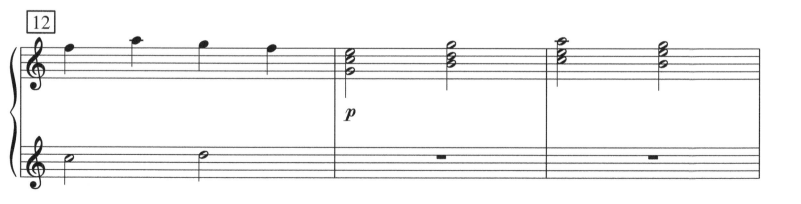

SECONDO

PRIMO

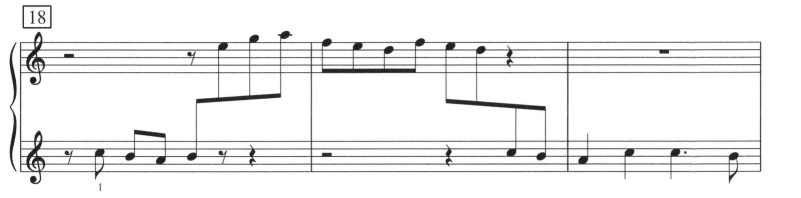

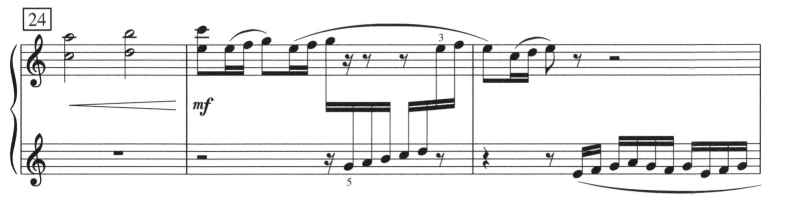

SECONDO

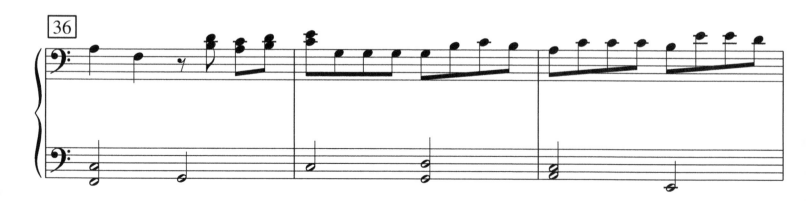

PRIMO

SECONDO

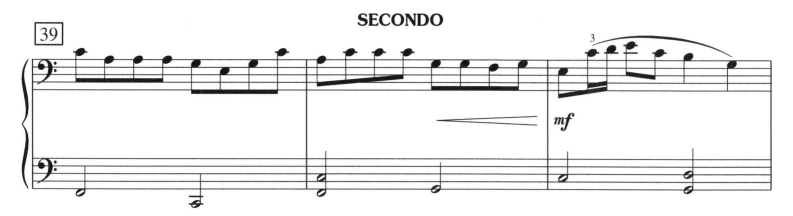

PRIMO

SECONDO

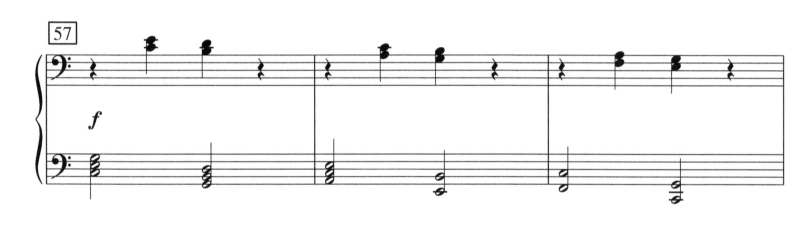

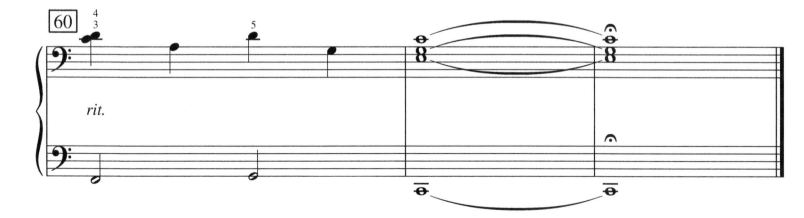

PRIMO

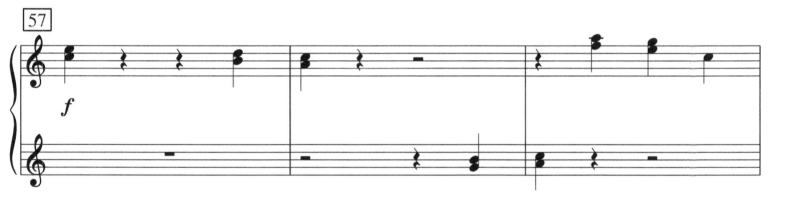

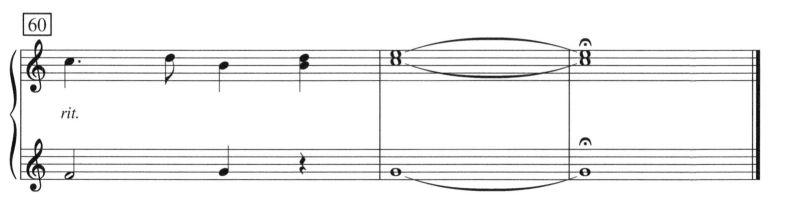

DANCE OF THE SUGAR PLUM FAIRY

from THE NUTCRACKER
SECONDO

Pyotr Il'yich Tchaikovsky

Moderately, in 2

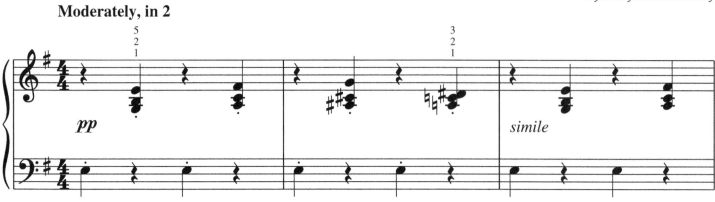

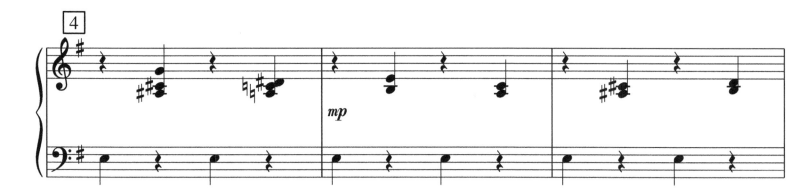

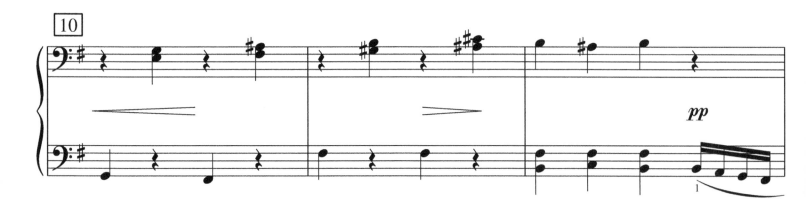

DANCE OF THE SUGAR PLUM FAIRY

from THE NUTCRACKER
PRIMO

Pyotr Il'yich Tchaikovsky

Moderately, in 2

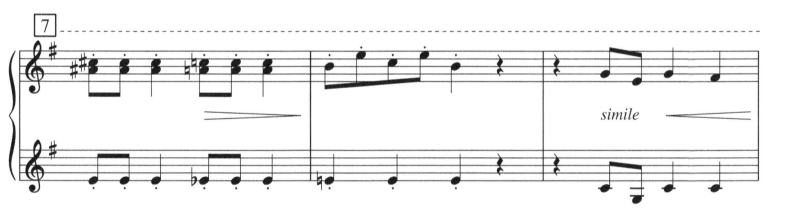

SECONDO

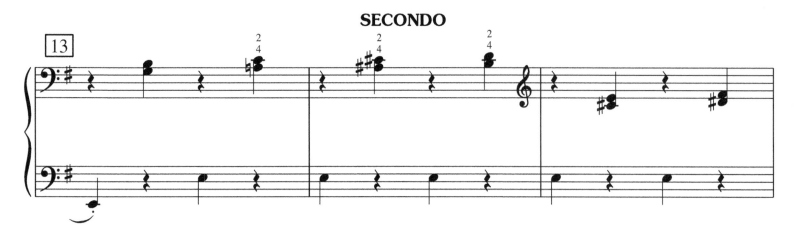

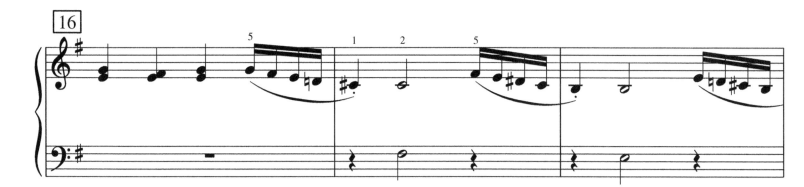

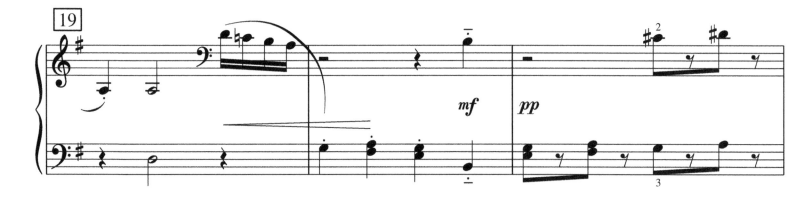

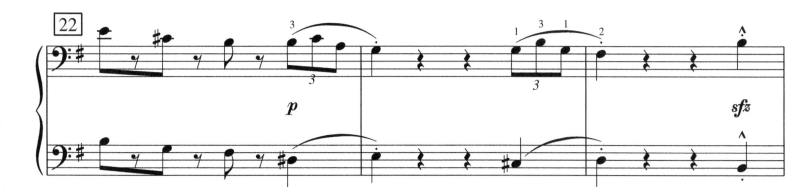

PRIMO

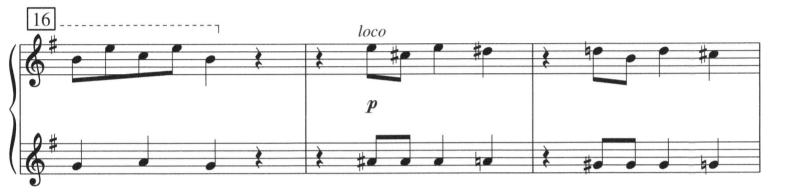

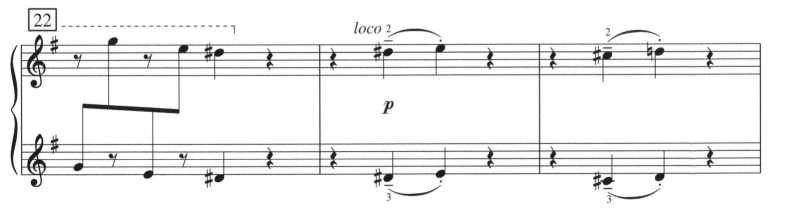

SECONDO

PRIMO

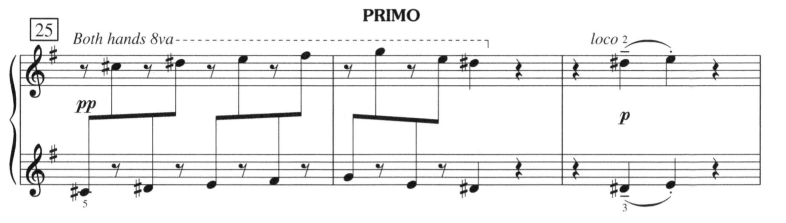

38

SECONDO

PRIMO

HALLELUJAH
from MESSIAH
SECONDO

George Frideric Handel

Moderately, with majesty

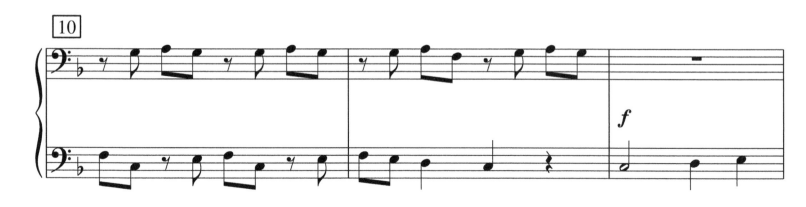

HALLELUJAH

from MESSIAH

PRIMO

George Frideric Handel

SECONDO

PRIMO

SECONDO

45

PRIMO

SECONDO

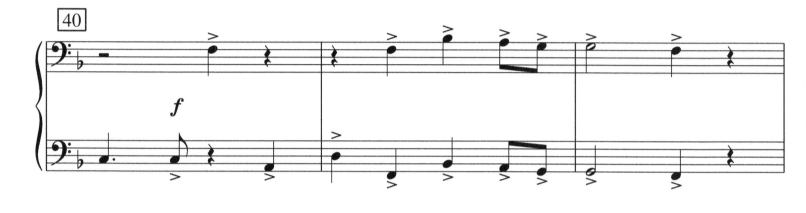

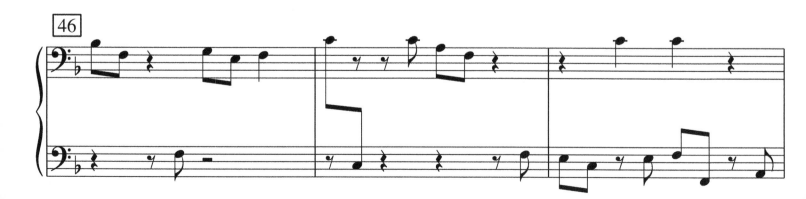

PRIMO

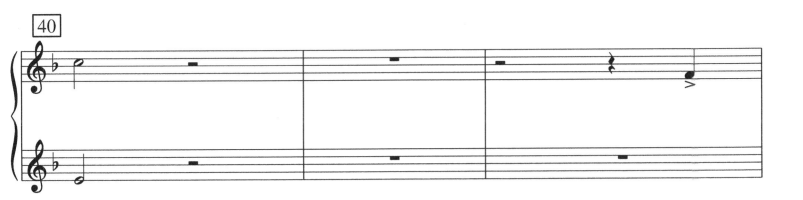

SECONDO

PRIMO

SECONDO

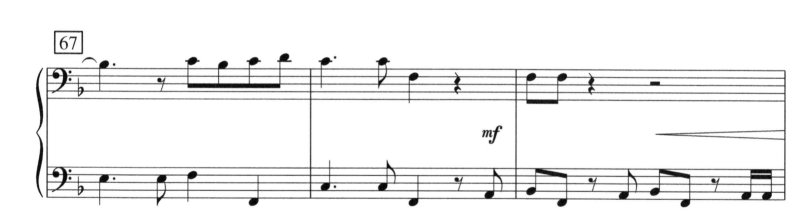

PRIMO

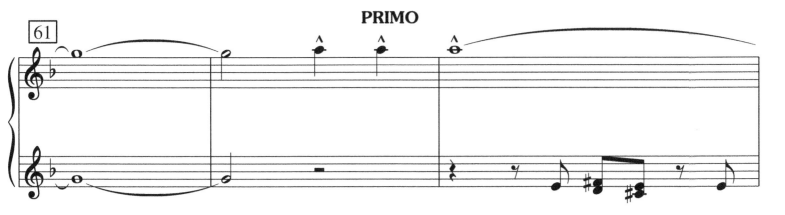

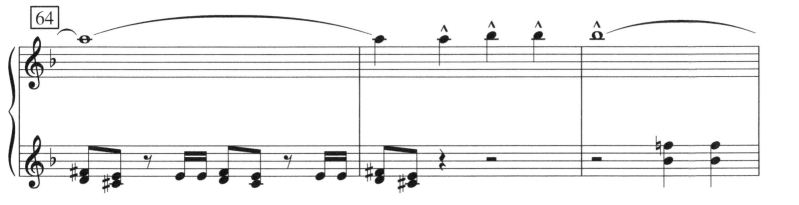

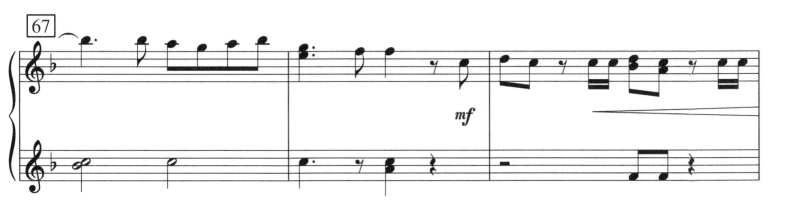

JESU, JOY OF MAN'S DESIRING

SECONDO

Johann Sebastian Bach

Moderately

JESU, JOY OF MAN'S DESIRING

PRIMO

Johann Sebastian Bach

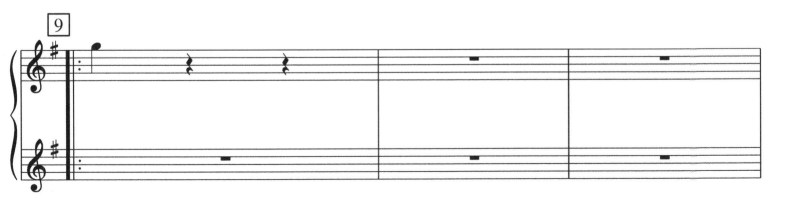

SECONDO

PRIMO

SECONDO

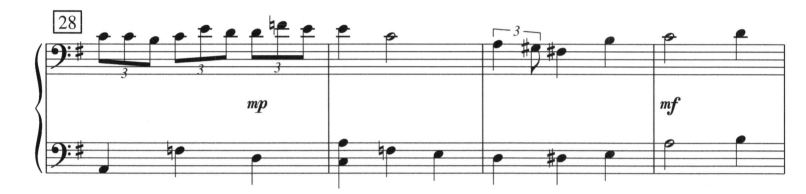

PRIMO

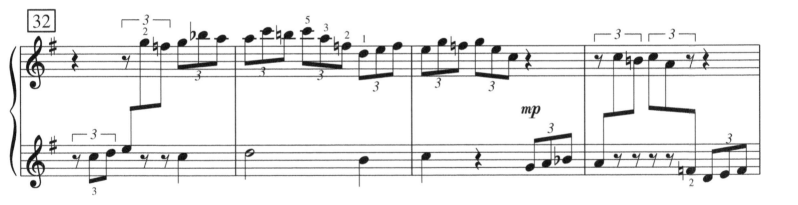

SECONDO

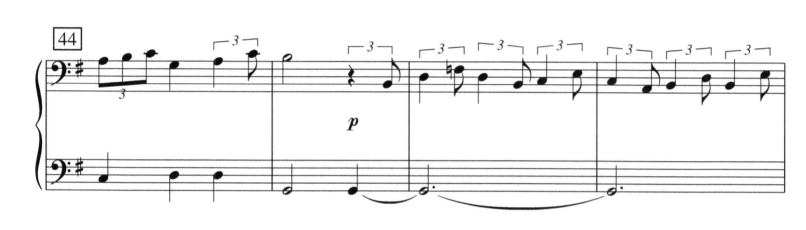

PRIMO

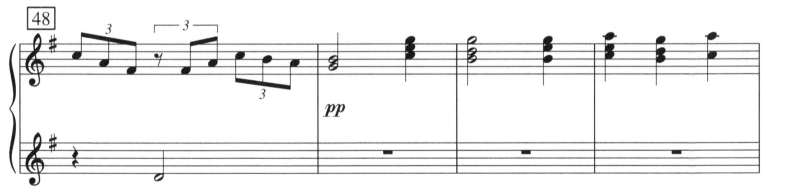

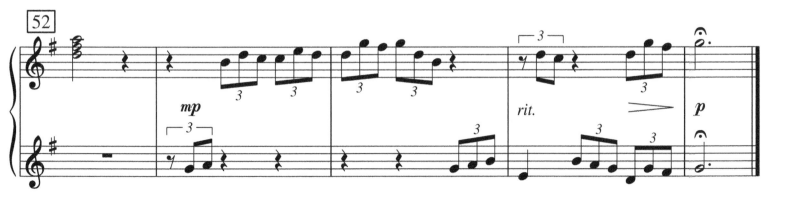

MORNING

from PEER GYNT
SECONDO

Edvard Grieg

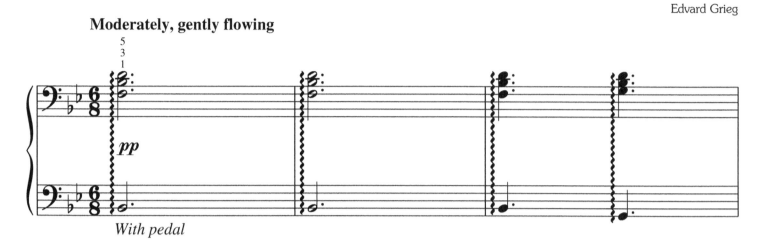

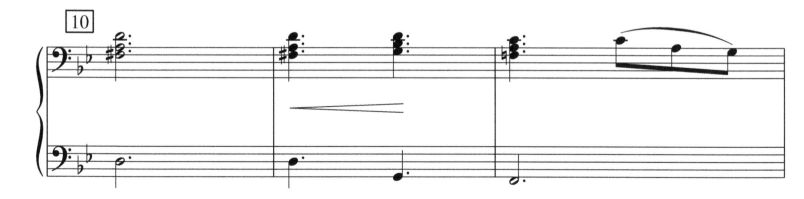

MORNING
from PEER GYNT
PRIMO

Edvard Grieg

Moderately, gently flowing

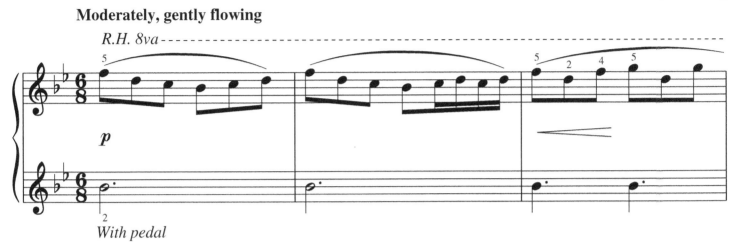

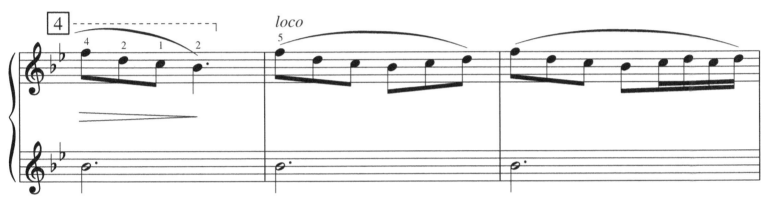

SECONDO

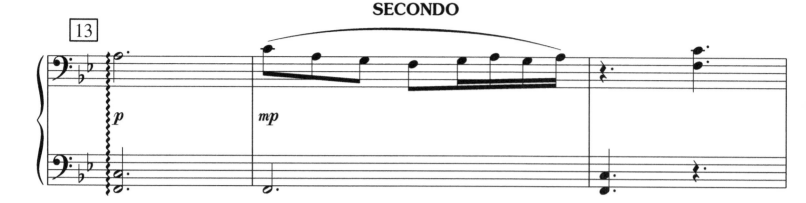

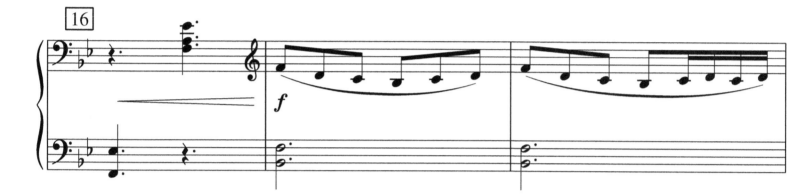

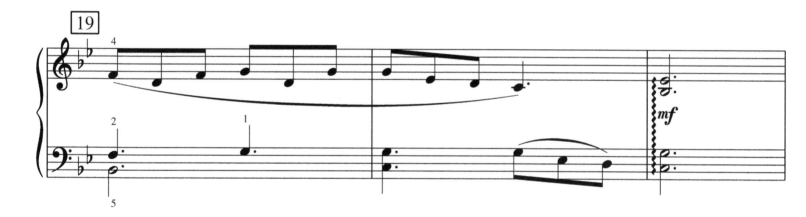

PRIMO

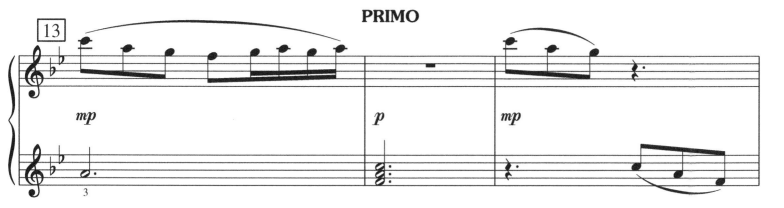

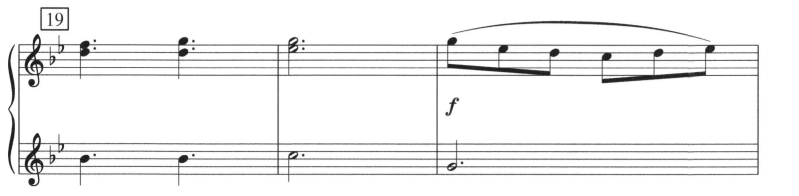

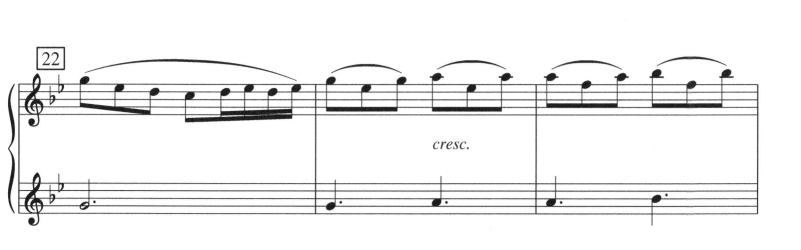

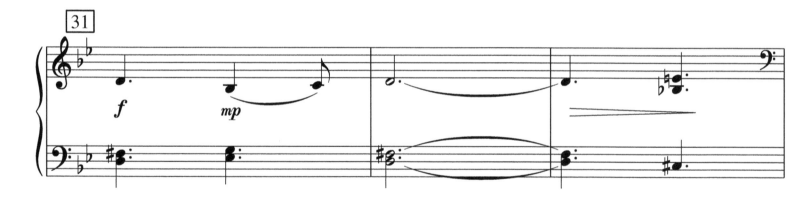

64

SECONDO

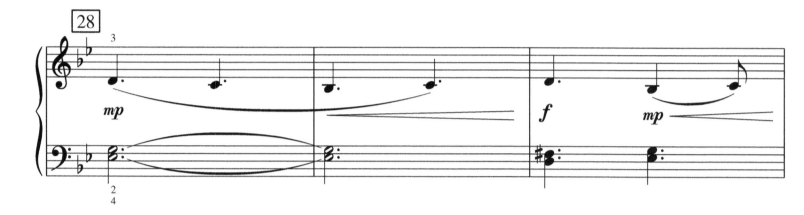

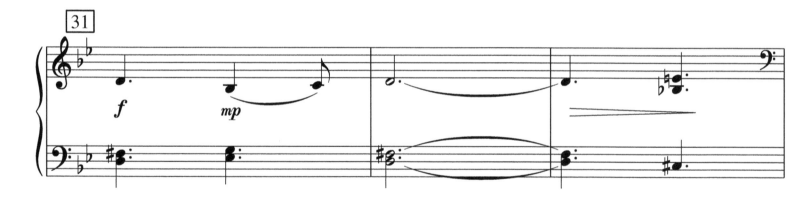

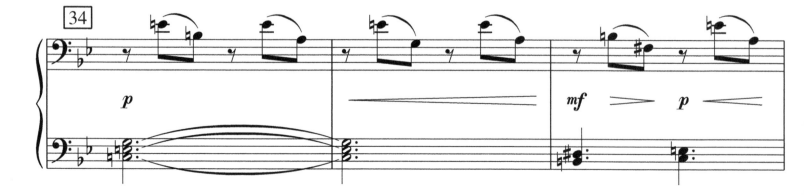

PRIMO

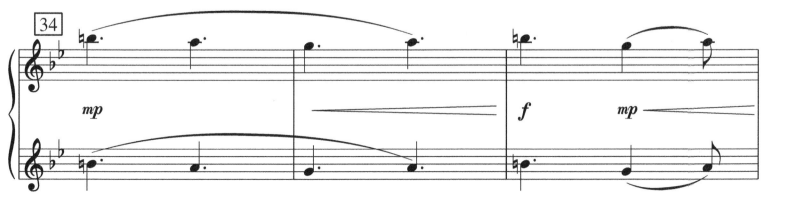

SECONDO

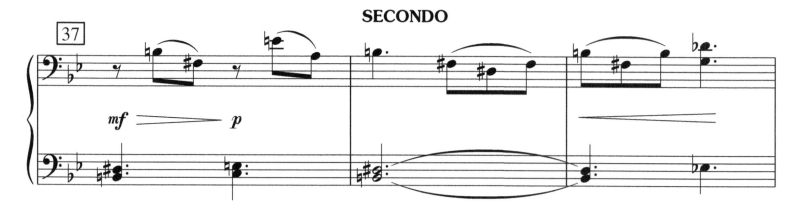

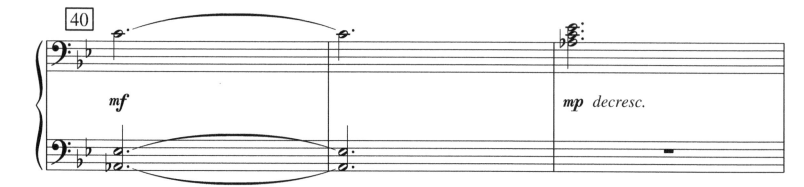

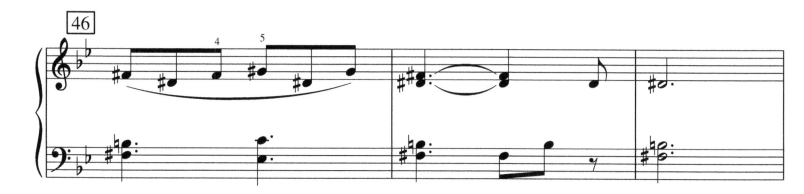

PRIMO

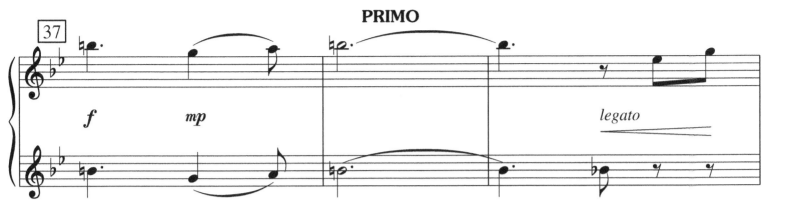

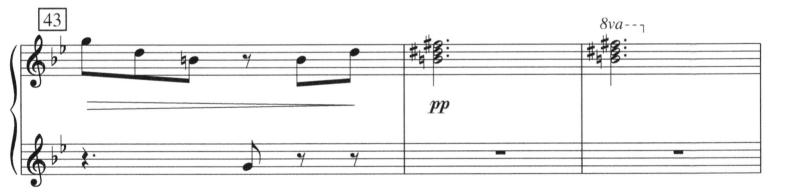

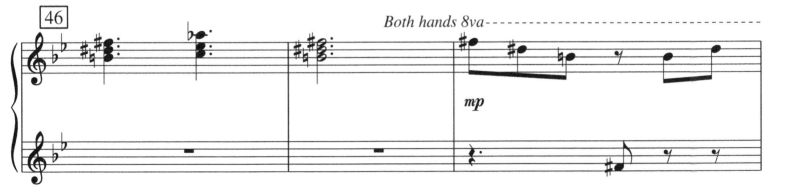

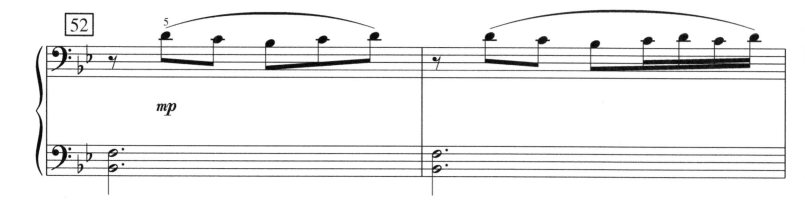

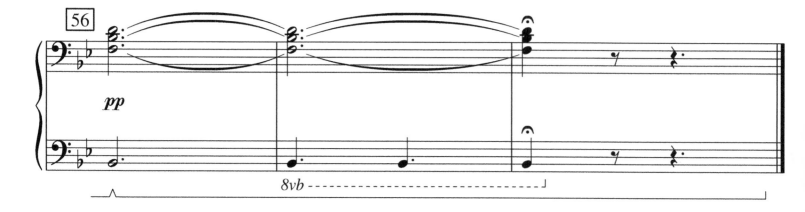

PRIMO

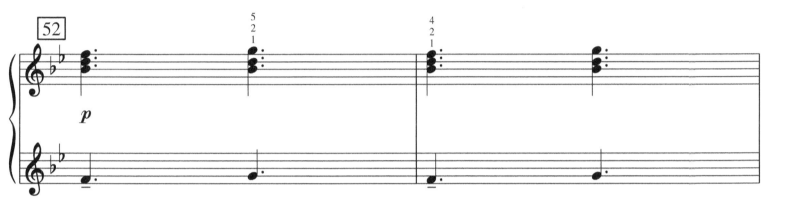

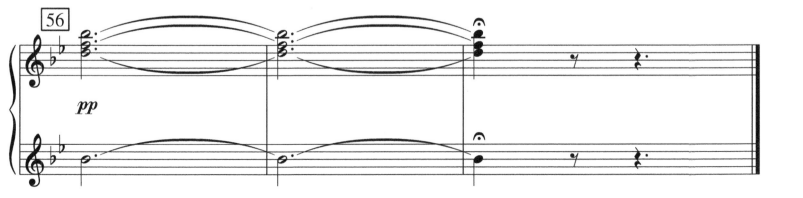

ODE TO JOY
from SYMPHONY NO. 9 IN D MINOR
SECONDO

Ludwig van Beethoven

Moderately, in 2

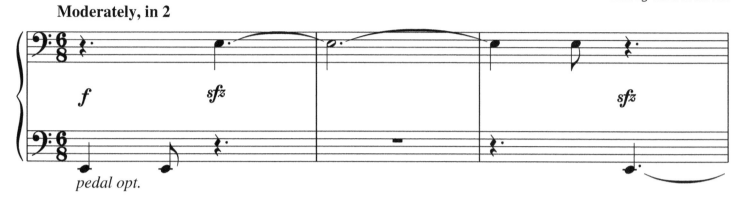

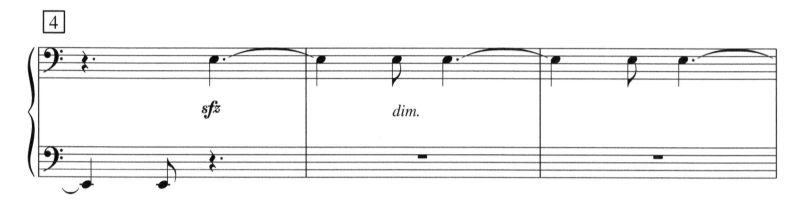

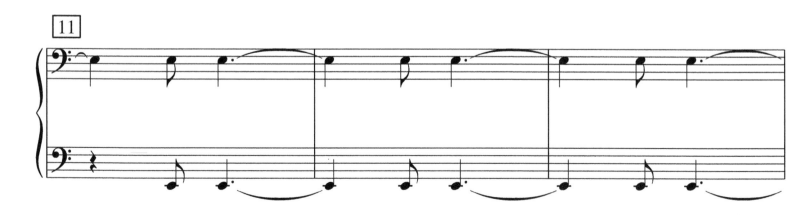

ODE TO JOY

from SYMPHONY NO. 9 IN D MINOR
PRIMO

Ludwig van Beethoven

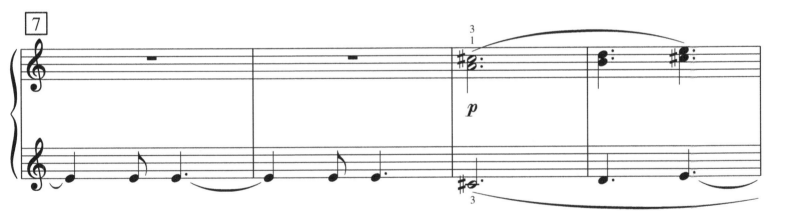

SECONDO

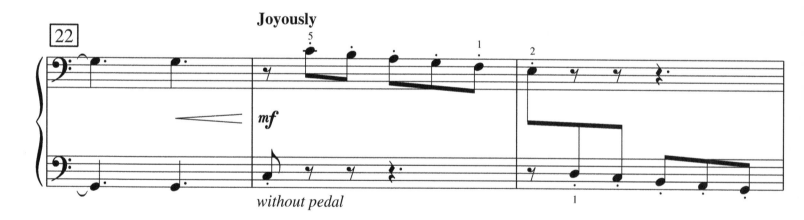

Joyously

without pedal

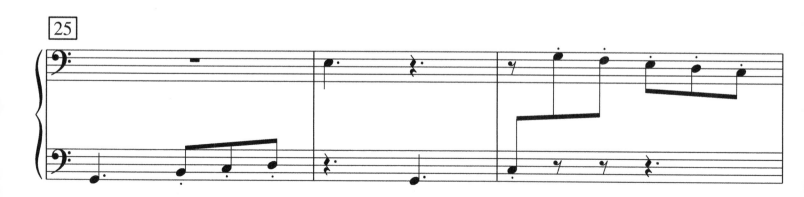

PRIMO

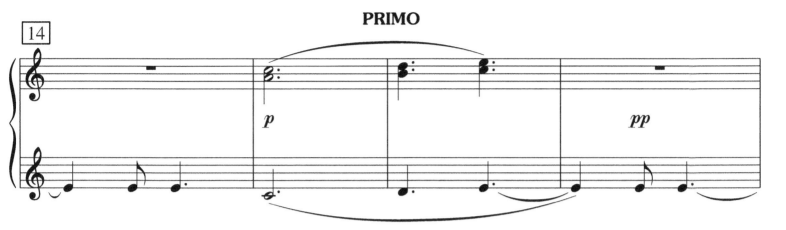

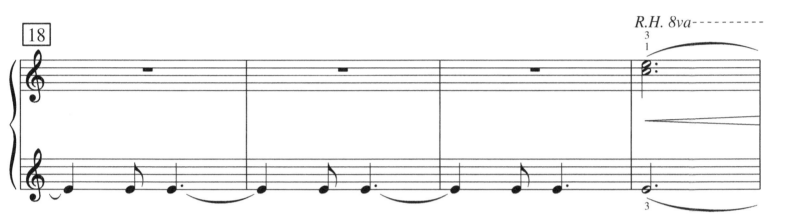

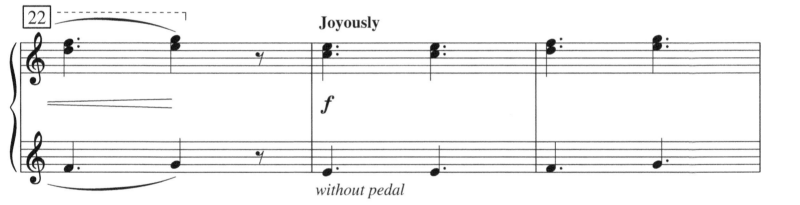

SECONDO

PRIMO

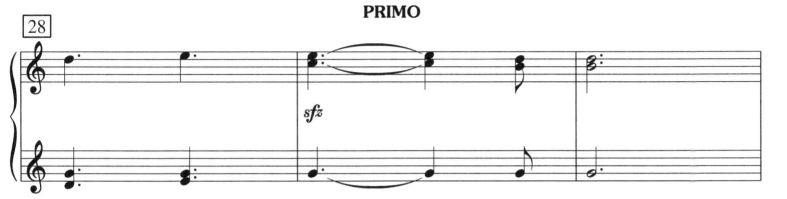

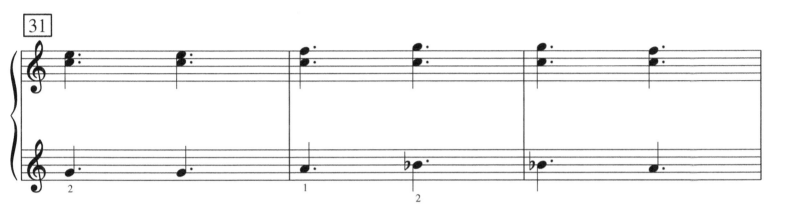

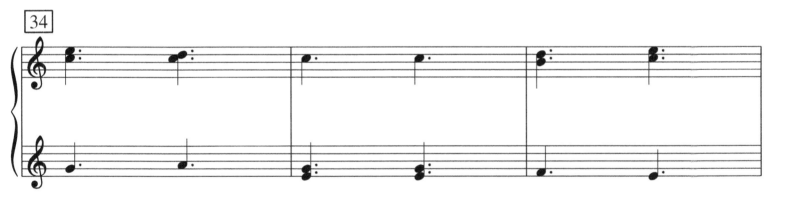

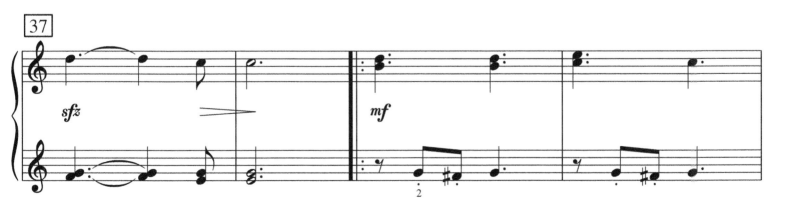

SECONDO

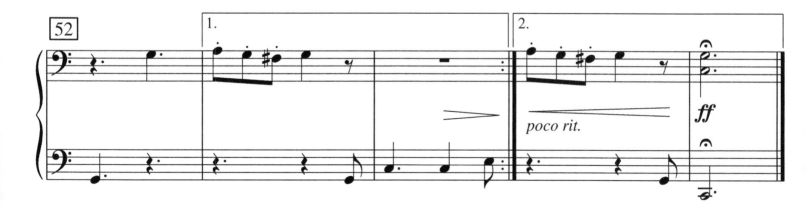

PRIMO

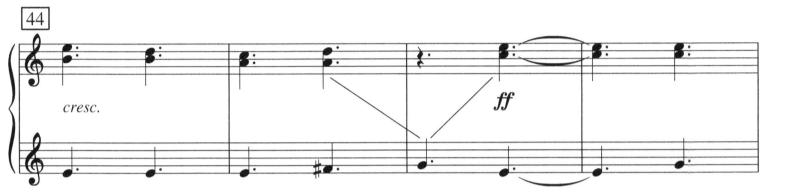

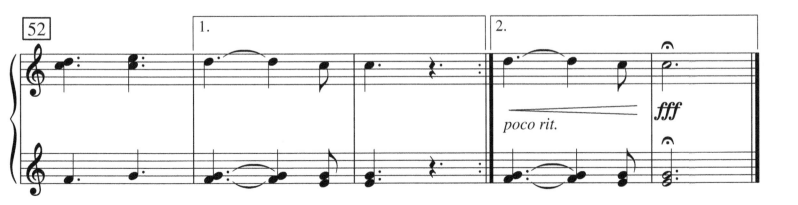

PANIS ANGELICUS

SECONDO

César Franck

Slowly, reverently

pp

pedal opt.

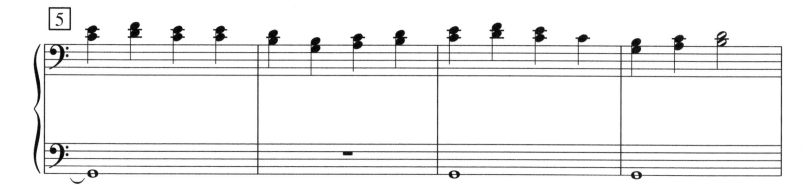

5

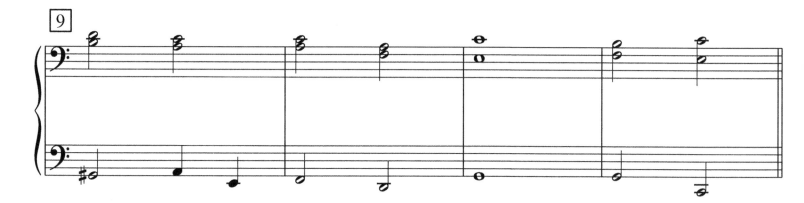

9

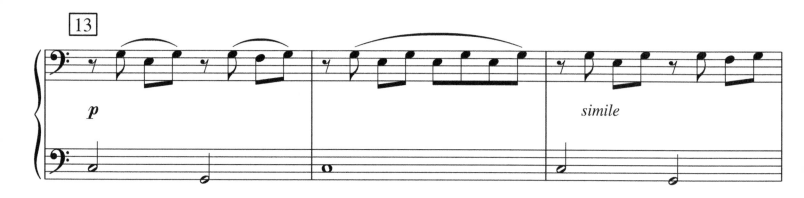

13

p

simile

PANIS ANGELICUS

PRIMO

César Franck

Slowly, reverently

SECONDO

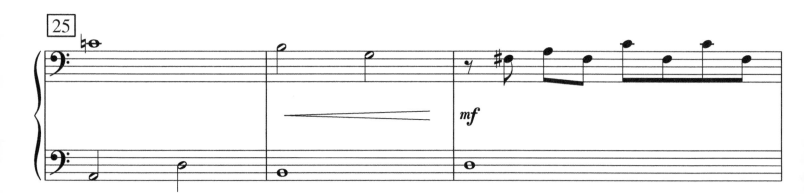

PRIMO

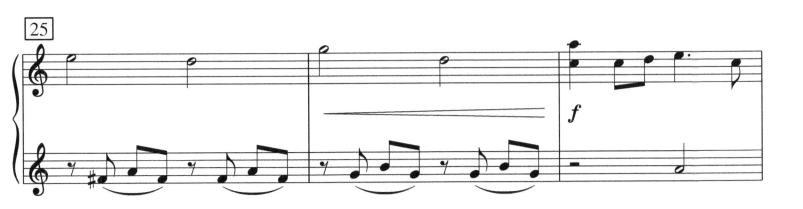

SECONDO

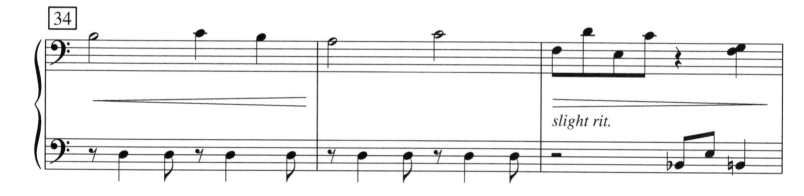

PRIMO

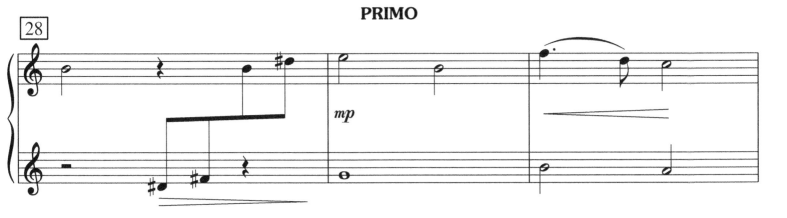

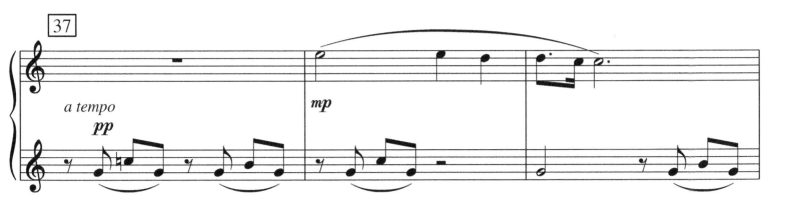

SECONDO

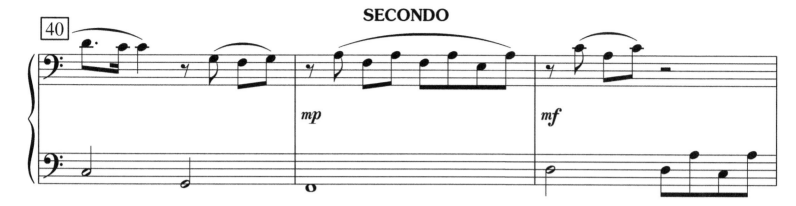

PRIMO

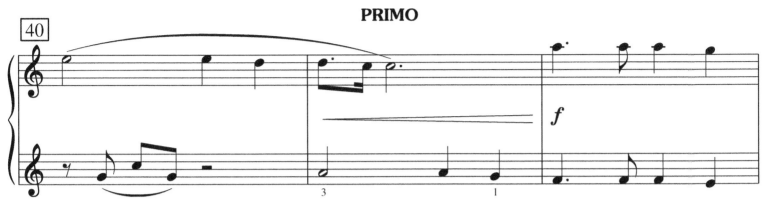

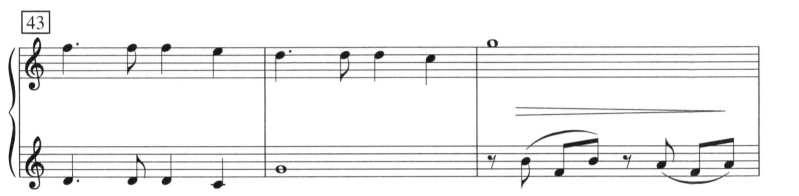

SECONDO

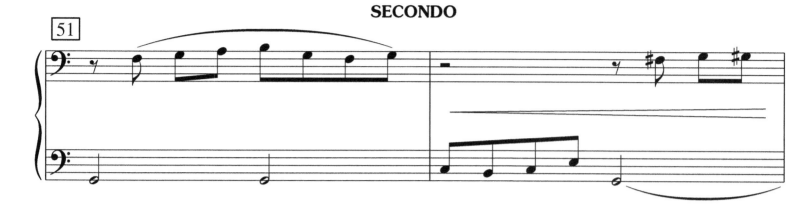

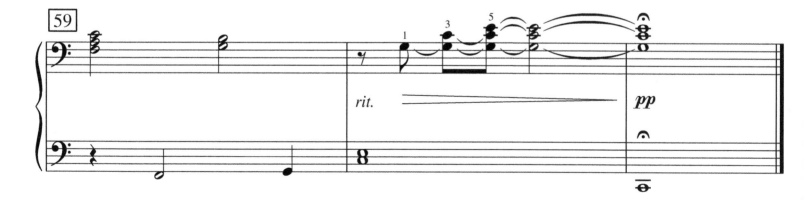

PRIMO

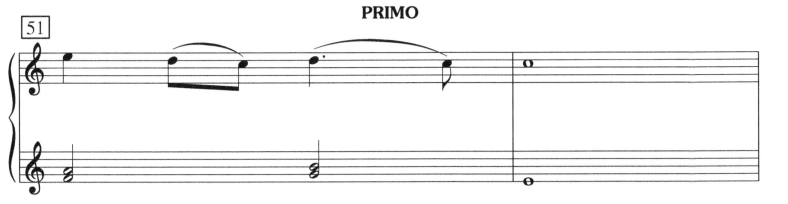

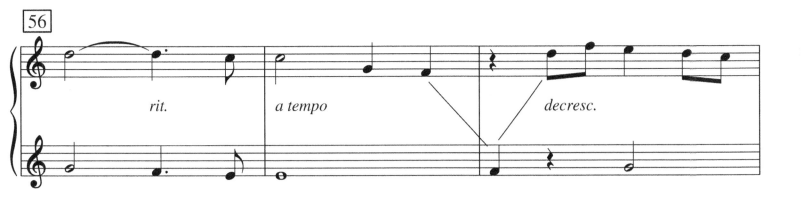

THE SWAN

SECONDO

Camille Saint-Saëns

THE SWAN

PRIMO

Camille Saint-Saëns

Slowly

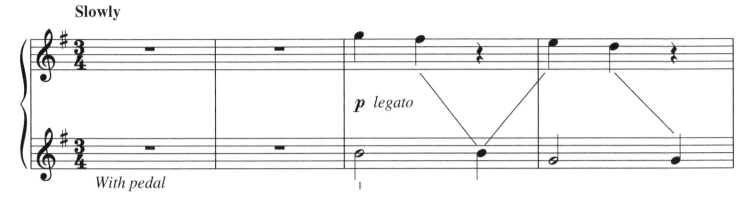

p legato

With pedal

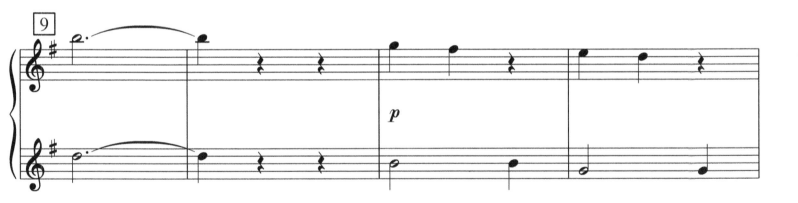

SECONDO

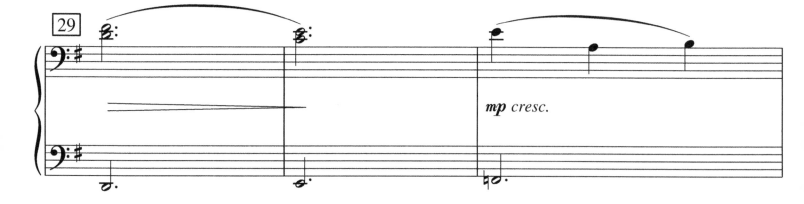

PRIMO

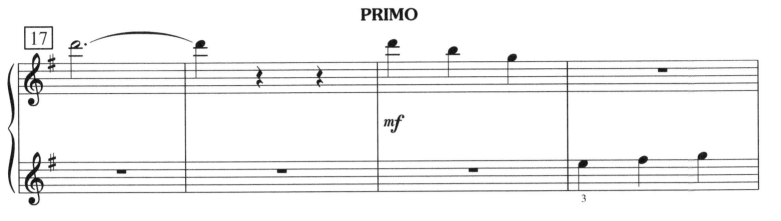

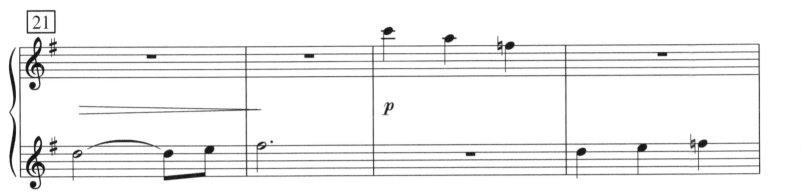

SECONDO

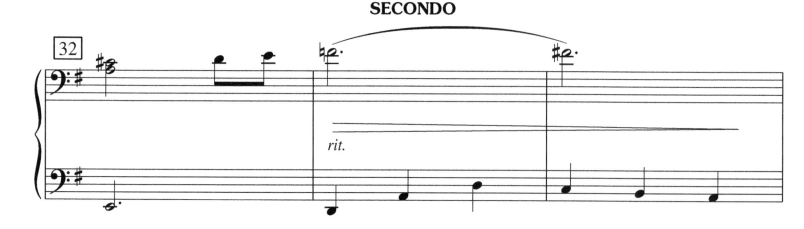

PRIMO

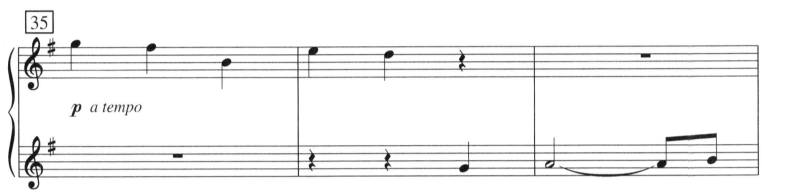

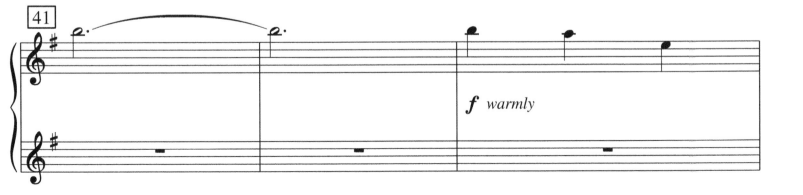

SECONDO

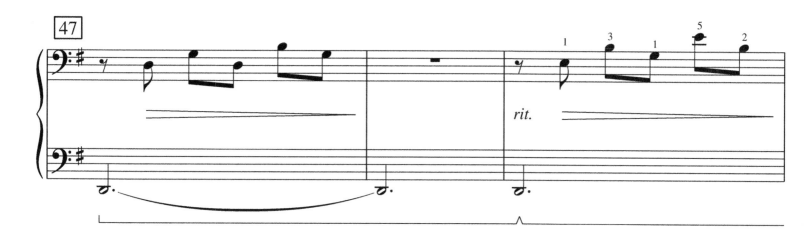
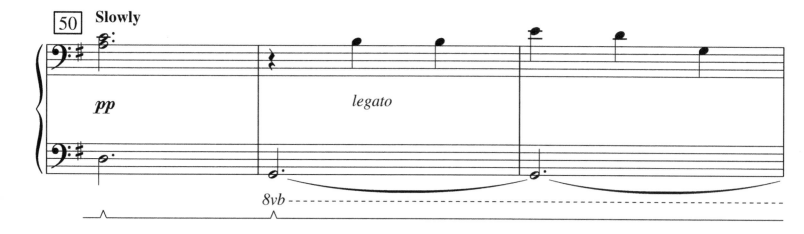

PRIMO

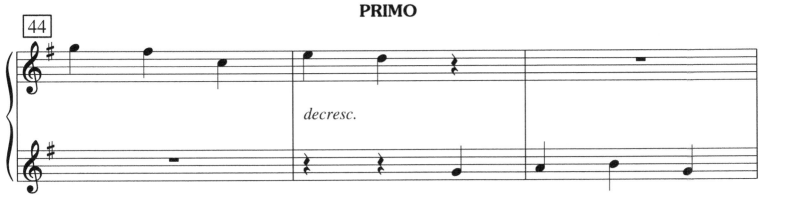

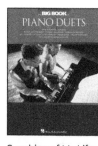